LIFE
IS BETTER
AT THE
BEACH

GROH

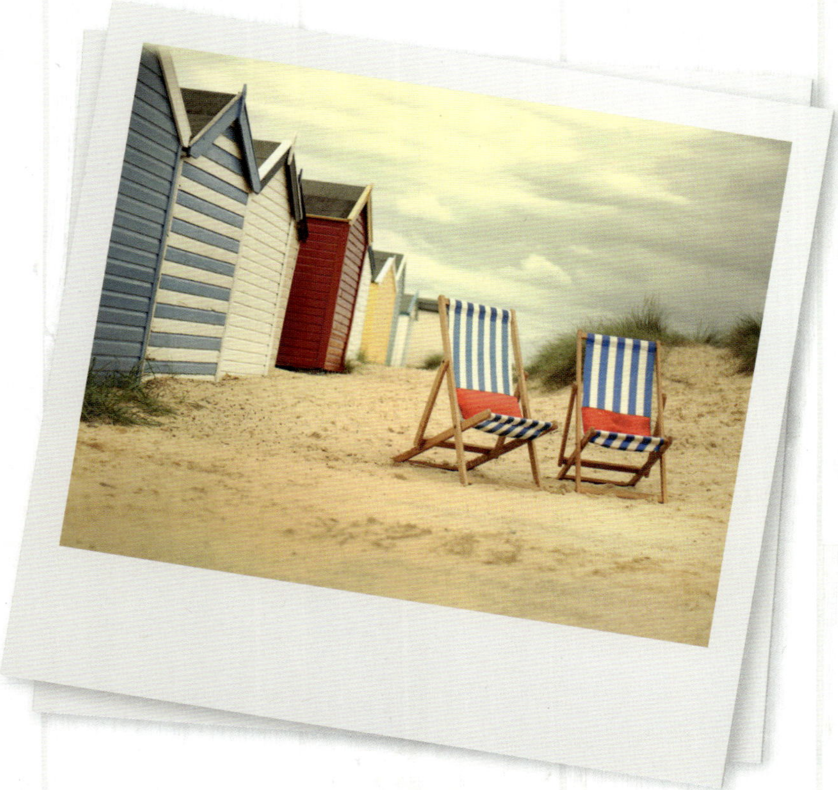

Fruchtige Cocktails, sandige Füße, sonnengebräunte Haut,
sanftes Wellenrauschen und ganz viel Zeit,
die Seele baumeln zu lassen. Wer hätte das nicht gerne täglich?
Mit diesem Aufsteller kannst du dir das ganze Jahr
über Urlaubsgefühle nach Hause holen und
dich bei Fernweh Wegträumen.

DENN: LIFE IS BETTER AT THE BEACH

**ICH WÜNSCHTE, ICH WÄRE 'NE MUSCHEL,
GANZ NAH AN DAS MEER RAN GEKUSCHELT,
VON MORGENS BIS ABENDS GEBETTET IN SAND,**

*eine einfache Muschel
an einem einfachen Strand.*

Psst! Hörst du das Meer rufen?

Foto: Getty Images/EyeEm/Aitor Maria

TSCHÜSS STADTGRAU.
HALLO LAGUNENBLAU.

SEA YOU SOON.

TAKE ME
TO THE
ocean.

PALM TREES, OCEAN BREEZE,
SALTY AIR, SUN KISSED HAIR,
ENDLESS SUMMER,
take me there.

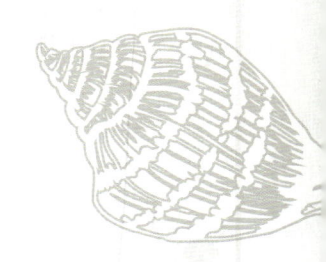

BAU DIR DEIN TRAUMSCHLOSS!

Foto: Getty Images/age fotostock/Liane Cary

DREAMS

ARE MADE
OF SAND AND SUN ...

**NIMM DIR ZEIT
FÜR DIE WICHTIGEN DINGE**
im Leben.

EAT. BEACH. SLEEP. *Repeat.*

THE OCEAN IS CALLING.

EINFACH MAL
ABTAUCHEN.

URLAUB IST,

NICHTS ZU TUN
UND DEN GANZEN TAG
DAFÜR ZUR VERFÜGUNG

ZU HABEN.

(unbekannt)

JUST GO
WITH THE
flow.

IT'S PARTYTIME!

Foto: iStock.com/RibeirodosSantos

ICH KANN HEUTE NICHT.

Muss zum Strand fahren.

GIRLS

JUST WANNA

have sun.

SONNE

IST DIE
BESTE MEDIZIN.

*Wer ins kalte Wasser springt,
taucht ins Meer*

DER MÖGLICHKEITEN.

(aus Finnland)

Life's a wave. Catch it.

Foto: Shutterstock/Willyam Bradberry

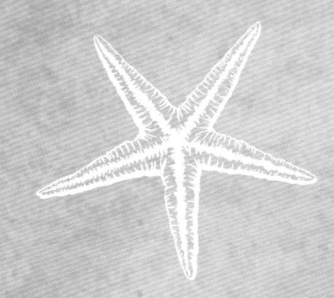

STOP THINKING SO MUCH.
JUST RELAX AND
take it easy.

THE WAVES OF THE SEA

HELP ME GET

back to me.

TO DO: ABHÄNGEN!

HOME IS
WHERE
THE BEACH IS.

POSITIVE MIND.
POSITIVE VIBES.
Positive life.

Man sollte viel mehr Zeit

MIT GLÜCKLICHSEIN VERBRINGEN.

BESSER MIT DEM FAHRRAD
ZUM STRAND,
ALS MIT DEM MERCEDES
ZUR ARBEIT.

MIT DEM HERZEN AM STRAND.

Foto: Getty Images/Blend Images/John Duarte

A little taste of heaven.

HEAVEN

IS A LITTLE CLOSER
IN A HOUSE BY THE SEA.

**MEERESFEELING
FÜR ZUHAUSE.**

Foto: Getty Images/EyeEm/Roman Kartalov

KEEP CALM
AND PRETEND YOU'RE
at the beach.

*Nimm dir Zeit.
Wer immer in Eile ist begegnet niemandem –
nicht einmal*

SICH SELBST.

(Sprichwort aus Frankreich)

MANCHMAL muss man *einfach entspannen.*

EIN KLEINES STÜCKCHEN
PARADIES!

Foto: Getty Images/RooM/Ferry Zievinger

Wellenrauschen,
Sand
unter den Füssen,
Sonnenstrahlen
im Gesicht –

ENDLICH URLAUB.

(Nina Sandmann)

ENJOY
THE
little things.

**WER PAUSEN MACHT,
HAT MEHR
vom Leben.

(unbekannt)

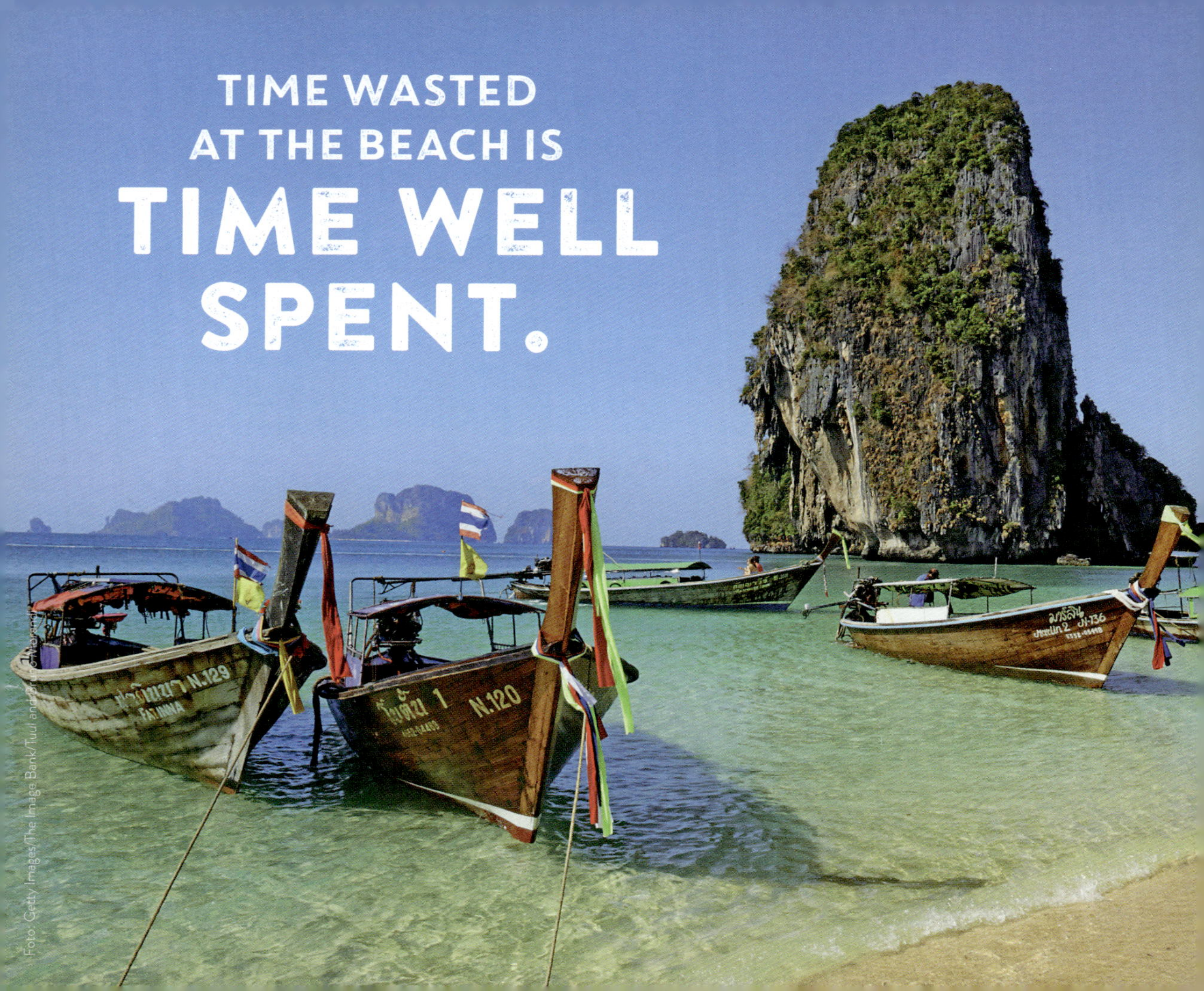

Foto: Getty Images/The Image Bank/Tuul and Bruno Morandi

✦ ✦ ✦

*Irgendwo auf der Welt
fragt sich ein Strand traurig,
warum ich nicht*

AUF IHM LIEGE.

**THINK A LITTLE LESS
AND YOU WILL BE
a lot happier.

Hear the sound of the waves and relax.

Foto: Getty Images/Perspectives/Vince Cavataio

Those who do not believe in magic will never **FIND IT.**

VERBORGENE SCHÄTZE ENTDECKEN.

THAT CRAZY LITTLE *sun of a beach.*

I WANT TO BE WILD, BEAUTIFUL, AND FREE.

JUST LIKE THE SEA.

HAPPY HOUR
AM STRAND.

HAPPINESS

IS SUN, SAND AND
A DRINK IN MY HAND.

LUFT, LIEBE,
LIEBLINGSPLATZ.

LET THE SEA
SET YOU
FREE.

EVERYTHING'S BETTER WITH AN

ocean view.

Mal die Perspektive wechseln.

Foto: iStock.com/vichie81

RELAX, UNWIND,
GET IN A FLIP FLOP STATE OF MIND.

URLAUB

ERFRISCHT
KÖRPER UND SEELE.

(Nina Sandmann)

Genieße jeden Augenblick.

Foto: Getty Images/Peter Stuckings

MAN SITZT INSGESAMT
VIEL ZU WENIG

am Meer.

LASS UNS ABHAUEN.

NÄCHSTER HALT:

TRAUMSTRAND!

LIFE IS BETTER

WITH SAND BETWEEN

your toes.

There are so many beautiful reasons

TO BE HAPPY.

BUNT IST MEINE LIEBLINGSFARBE.

(Walter Gropius)

Foto: Shutterstock/Dimitrios

INS AUTO STEIGEN

UND NICHT WISSEN,
WO ES HINGEHT ...

Lass dich einfach mal treiben.

Foto: Getty Images/Colin Anderson

TRAUM
VOM MEER.

Foto: Getty Images/Tyler Gray

MONDAYS WOULD
BE BETTER
at the beach.

ICH KAM, SAH

UND VERGASS, WAS ICH

vorhatte.

BIN GRAD ETWAS NEBEN DER SPUR …

ist schön da.

Wer nur zum eigenen Fenster hinausschaut, lernt nie

DIE WELT KENNEN.

(aus Russland)

Go wherever your heart takes you.

B.E.A.C.H.

BEST ESCAPE ANYONE CAN HAVE.

Tschüss Nebelwand, hallo Palmenstrand.

Foto: Getty Images/MakenaStockMedia/Design Pics

LET THE MUSIC SET YOU FREE.

YOU CREATE

YOUR OWN

CALM.

DIE WELT GEHÖRT DEM,

der sie genießt.

(Giacomo Leopardi)

IRGENDWO

IST IMMER

Happy Hour.

A TRIP TO THE BEACH

CAN CURE

ANY BAD MOOD.

MAKE A WISH
UPON A STARFISH.

Foto: Getty Images/Justin Lewis

Man muss immer etwas haben,
auf das man
SICH FREUEN KANN.

(Eduard Mörike)

ICH WILL *Meer.*

**99% OF THINGS
YOU WORRY ABOUT**

never happen.

LASS DEINE SORGEN
HINTER DIR!

Foto: Getty Images/Antonio Luis Martinez Cano

LIFE IS BETTER

WHEN YOU'RE

laughing.

MAN SOLLTE VIEL ÖFTER EINFACH MAL LACHEN.

FRIENDS

DON'T LET FRIENDS
DO SILLY THINGS …
ALONE!

Zusammen hat man mehr Spaß!

Foto: iStock.com/wundervisuals

A DAY AT THE BEACH *restores the soul.*

*So groß und einfach die Welt am Strand,
nur Wind und Wolken,*

NUR MEER UND SAND.

(Carl Peter Fröhling)

MEET ME AT THE...

BEACH BAR

ES IST SCHÖN

JEMANDEN ZU KENNEN,
MIT DEM MAN VOR LAUTER SPASS
DEN ERNST DES LEBENS
VERGESSEN KANN.

*Ich brauche Urlaub. So richtig ausgiebig.
Am besten am Strand.*

10 JAHRE SÜDSEE ODER SO.

DON'T WORRY,
GOOD DAYS
are coming.

THE TIME
you enjoy wasting
IS NOT WASTED TIME.

ZEIT,
DIE FÜSSE HOCHZULEGEN.

Foto: Getty Images/David Lees

*Die größte Sehenswürdigkeit,
die es gibt, ist die Welt –*
SIEH SIE DIR AN!

(Kurt Tucholsky)

JETZT
IST DIE
beste Zeit.

BEACH
PLEASE.

Foto: Getty Images/Johner Images

IT WAS LOVE

AT FIRST SIGHT

THE DAY I MET THE BEACH.

A rainy day

AT THE BEACH

is better than

a sunny day at the office.

TAUSCHE ARBEITSPLATZ

GEGEN

Villa am Meer.

*Mische Tun und Nichtstun,
und du verbringst dein Leben in*
FRÖHLICHKEIT.

(aus Russland)

LIVE, LOVE, SURF.

Foto: iStock.com/BraunS

FIND THE BEAUTY

IN EVERY
DAY.

HELLO SUNSHINE.

Bin am Strand.
Die Flipflops brauchten Ausgang.

Foto: Getty Images/Weiyi Zhu

MAN KANN NIE GENUG

STRAND HABEN.

I'M A TRUE *oceanholic.*

YOU CAN FIND ME WHERE THE MUSIC MEETS

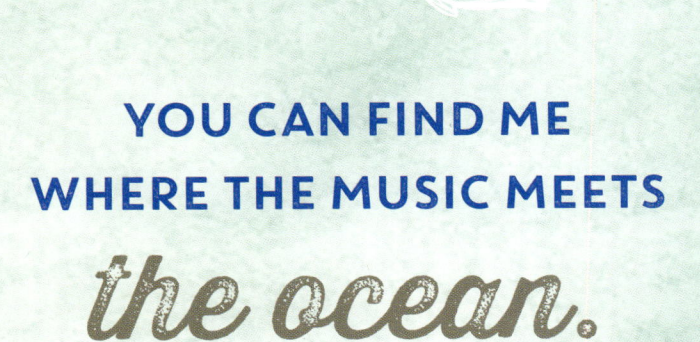

the ocean.

Manchmal muss man einfach weg.
Egal wohin.

HAUPTSACHE ANS MEER.

**I AM HAPPY ANYWHERE
I CAN SEE THE OCEAN.**

FREUDE
IST GESPÜRTES LEBEN.

(Michael Horatczuk)

KEEP CHOOSING *joy!*

THIS IS MY
HAPPY PLACE.

GONE TO THE BEACH.

BE BACK...
NEVER.

Kopfhörer auf. Musik an. Welt aus.

Foto: iStock.com/denisgo

*Wenn die Pflicht ruft,
einfach die Musik*
LAUTER MACHEN.

YOU HAVE ENOUGH.
YOU DO ENOUGH.
YOU ARE ENOUGH.

Relax!

WENN DAS LEBEN DIR

LIMETTEN GIBT ...

Foto: Getty Images/Alex Robinson/AWL Images Ltd

SALT IN THE AIR.
SAND IN
MY HAIR.

BEACH HAIR,
don't care.

Mal wieder Kind sein.

Foto: Getty Images/Cultura/Seb Oliver

SUN &
SKY &
SEA & SAND.

REISEN

ist das Beste,
ja das einzige Heilmittel
gegen Kummer.

(Alfred de Musset)

NIMM DIR

WAS DU BRAUCHST, UM

glücklich zu sein.

„FERNWEH":
BEING HOMESICK FOR A PLACE YOU'VE
NEVER BEEN BEFORE.

THERE ARE ALWAYS NEW BEACHES TO **EXPLORE!**

Foto: Getty Images/RooM/marnatomic

VORFREUDE IST DIE

schönste Freude.

(Deutsches Sprichwort)

NACH DEM

URLAUB

IST VOR DEM

Urlaub.

HAPPINESS IS

A DAY AT THE BEACH.

Don't forget to hüpf.

Foto: Getty Images/Peter Cade

Work like a captain.

PLAY LIKE A PIRATE.

CONQUER
THE SEA.

FÜR EIN KLEINES PARADIES
ZUM AUFTANKEN IST
überall Platz.

(Helga Schäferling)

DEM GLÜCK AUF DER SPUR.

Foto: Getty Images/Cultura RM Exclusive/Kate Ballis

TRAVEL AS MUCH AS *possible.*

Reisen ist die Sehnsucht
NACH DEM LEBEN.

(Kurt Tucholsky)

SAIL AWAY!

MIR REICHT'S!

Ich geh segeln.

TAKE MY HAND

AND WE WILL

run away.

LASS DEN ALLTAG EINFACH MAL

HINTER DIR.

Mit den Zehen im warmen Sand.

Foto: Getty Images/EyeEm/Marius Hepp

MAY YOU ALWAYS HAVE
A SHELL IN YOUR POCKET
AND SAND

between your toes.

DER
MENSCH
IST FÜR DIE
Freude
GEBOREN.

(Blaise Pascal)

HAPPINESS

IS THE HIGHEST LEVEL OF SUCCESS.

Cool drinks, long nights, good times.

DIE BESTE ZEIT IST DIE AM STRAND.

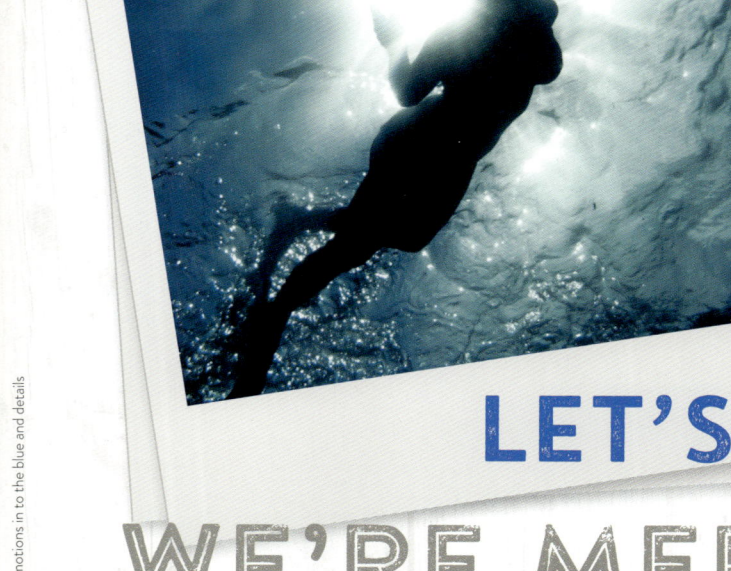

LET'S PRETEND WE'RE MERMAIDS.

Foto: Getty Images/Emotions in to the blue and details

THE OCEAN'S ROAR IS

MUSIC TO THE SOUL.

BEACH

(NOUN)
A PLACE OF RELAXATION,
REST AND TRANQUILITY.

Einfach mal entspannen.

Foto: iStock.com/wii

Es ist nie zu spät
FÜR EINEN BIKINI.

IRGENDWO IST *immer Sommer.*

OFFLINE!

Wahrer Luxus besteht heutzutage darin, nicht immer

ERREICHBAR ZU SEIN.

(Nina Sandmann)

EVERYONE SHOULD BELIEVE
IN SOMETHING.
I BELIEVE I SHOULD
go to the beach.

HAPPY
BY
the sea.

LET THE WAVES

HIT YOUR FEET
AND THE SAND BE
YOUR
SEAT.

CLOSE YOUR EYES AND BREATHE.

Foto: iStock.com/Vladimirs_Gorelovs

*Planen können wir in Jahren,
aber leben nur*

IM AUGENBLICK.

(Thomas Romanus)

THERE IS STILL
SO MUCH
to ~~see~~ sea.

Der Strandkorb wartet!

ALLES, WAS ICH BRAUCHE,
SIND EIN PAAR TAGE

am Strand.

I NEED VITAMIN SEA.

SALZWASSER HEILT

ALLE **WUNDEN.**

LIFE

WAS MEANT FOR GOOD FRIENDS
AND GREAT ADVENTURE.

Fun in the sun for everyone.

Foto: Getty Images/Bertrand Demee

Live in the sunshine,
swim the sea,
DRINK THE WILD AIR.

(Ralph Waldo Emerson)

LIFE IS BETTER
in
flip flops.

ICH HAB SEHNSUCHT
NACH MEER.

I need summer. NOW.

Foto: Getty Images/Silvestre Machado

VIELLEICHT VERFAHRE ICH MICH AUF DEM WEG ZUR ARBEIT EINFACH MAL, ZUM BEISPIEL

ans Meer!

Don't **TAKE LIFE** too *seriously.*

You can shake the sand from your shoes but it will never leave

YOUR SOUL.

WIRF DEN ANKER AUS UND BLEIB HIER.

Foto: Getty Images/EyeEm/Dumoulin Anthony

Menschen, mit denen sogar Nichtstun Spaß macht, sollte man behalten.

I FISH YOU WERE HERE.

EVERY DAY
IS A PARTY!

Foto: Getty Images/Ron Dahlquist

MEIN ZIEL IST EIN LEBEN,
VON DEM ICH KEINEN

Urlaub brauche.

HELLO SUNSHINE,

IT'S GOING TO BE A

BEAUTIFUL DAY.

Sonnige Aussichten.

Foto: Getty Images/Sam Harris

Das freie Meer befreit

DEN GEIST.

(Johann Wolfgang von Goethe)

AS FREE
AS THE OCEAN.

COLLECT MOMENTS NOT *things*.

SAMMLE

SCHÖNE AUGENBLICKE ALS VORRAT FÜR SCHLECHTE ZEITEN.

(Yvonne Mölleken)

Life is better at the beach.

LASS DIR ZEIT

ZUM

LEBEN.

When nothing is sure, everything is possible.

LASS DEINE SORGEN ZUHAUSE UND GENIESSE DIE FREIHEIT

am Strand.

LEBENSFREUDE

GUTE REISE

SPASS

ABENTEUER
KLEINE
FREUDEN

Eine schöne Zeit   GENUSS

SCHENKEN

Manchmal möchte man einfach nur weit weg von allem, dem Trubel des Alltags entfliehen und so richtig die Seele baumeln lassen. Genießen Sie Ihre Auszeit: Ob im Traum oder in der Realität, ob am Meer, in den Bergen, in fernen Ländern voll aufregender Abenteuer... Ganz egal, wohin Sie die Sehnsucht treibt: Wir bei GROH liefern das passende Geschenk, damit die Erinnerung lange bleibt.

Ihr *Joachim Groh*

Träum dich davon ...

Dem Alltag entfliehen
mit kleinen Geschenkideen von GROH:

www.groh.de
facebook.com/grohverlag

Die nachhaltige Waldbewirtschaftung und die verantwortungsvolle Gewinnung des Rohstoffs Papier ist uns ein Anliegen. Daher werden alle Buch- und Kalender-Neuheiten auf FSC®-zertifiziertem Papier gedruckt.

MIX
Papier aus verantwortungsvollen Quellen
FSC® C012700

Dieses Buch entstand in enger Zusammenarbeit mit meinen Kolleginnen Laura Thies und Marlen Kleinhans. Wir haben Ideen gesammelt, Gedanken sortiert, Texte verfasst und wieder verworfen, neu geschrieben und daran geschliffen, Zitate sorgfältig ausgewählt und geprüft, nach den schönsten Bildern gesucht und nicht aufgegeben, bis wir sie gefunden hatten. Mit unseren Grafikern haben wir die Gestaltung entwickelt und daran gefeilt, Cover und Farben abgestimmt und nicht locker gelassen, bis alle zufrieden waren.
Wir haben uns über jedes Puzzlestück gefreut, das seinen Platz im großen Ganzen gefunden hat – und hier ist es nun: ein Geschenk, das von Herzen kommt.

Vielen Dank an alle Beteiligten.
Katrin Schmidbauer

Idee und Konzept:
GROH Verlag. Das Werk einschließlich seiner Teile ist urheberrechtlich geschützt. Jede Verwertung außerhalb der engen Grenzen des Urheberrechtsgesetzes ist ohne Zustimmung des Verlages unzulässig und strafbar. Das gilt insbesondere für Kopien, Einspeicherung und Verarbeitung in elektronischen Systemen. Printed in Malaysia.

Textnachweis:
Wir danken allen Autoren bzw. deren Erben, die uns freundlicherweise die Erlaubnis zum Abdruck von Texten erteilt haben.

Bildnachweis: Titelbild: Getty Images/Cultura/Seb Oliver; Polaroid: iStock.com/itchySan.
Hintergründe: Cover: iStock.com/kokoroyuki; Innenteil: Shutterstock/Svetlana Lukienko; Shutterstock/Marilyn Volan; Shutterstock/Merydolla; Shutterstock/XONOVETS; Shutterstock/jumpingsack.
Grafische Elemente: iStock.com/rabbitteam.

Layout: ki36 Editorial Design, Bettina Stickel

Satz: textum GmbH, München

ISBN 978-3-8485-1620-9
© GROH Verlag GmbH, 2016